Natka Jankova

O herói byroniano e as suas metamorfoses góticas na ficção vitoriana

Natka Jankova

O herói byroniano e as suas metamorfoses góticas na ficção vitoriana

ScienciaScripts

Imprint

Cover image: www.ingimage.com

This book is a translation from the original published under ISBN 978-620-2-02827-1.

Publisher:
Sciencia Scripts
is a trademark of
Dodo Books Indian Ocean Ltd. and OmniScriptum S.R.L publishing group

120 High Road, East Finchley, London, N2 9ED, United Kingdom
Str. Armeneasca 28/1, office 1, Chisinau MD-2012, Republic of Moldova, Europe
Printed at: see last page
ISBN: 978-620-8-12084-9

O HERÓI birónico E AS suas METAMORFOSES GÓTICAS NA FICÇÃO VITORIANA

A era vitoriana sempre esteve no centro do meu interesse. Trata-se do período do reinado da Rainha Vitória, que se estendeu de 1837 a 1901, mas é um facto que os movimentos literários nem sempre coincidem com o ano exato da ascensão ou morte de um rei. O reinado de Vitória ou a Era Vitoriana do Reino Unido foi o mais longo da história britânica e só poderá ser ultrapassado se a atual monarca, a Rainha Isabel II, permanecer no trono até 2017. Como o reinado foi um longo período de prosperidade para o povo britânico, é frequentemente caracterizado como um longo período de consolidação económica, colonial e industrial, embora a Grã-Bretanha tenha estado em guerra todos os anos durante esse período. Do ponto de vista literário, foi um período de grande produção literária. Embora por vezes haja opiniões divergentes sobre o valor de toda a sua literatura, os vitorianos parecem ter sido obcecados por problemas sociais e políticos. Apesar de a era vitoriana se orgulhar de ser a era do progresso, as pessoas comuns viviam na pobreza, na injustiça, na fealdade e em diferentes formas de imoralidade.

Em muitos romances vitorianos, os romancistas confrontam-se com questões semelhantes, como a relação entre o homem/mulher e a sociedade, os costumes, a moral e o dinheiro. Os romancistas vitorianos parecem ter-se preocupado com as relações sociais. Para além disso, os romances vitorianos conservam muitos elementos românticos. Alguns deles encontram-se no conflito entre o sentimento religioso e o espírito científico, entre o misticismo e o racionalismo.

Este livro centra-se na interação de elementos românticos e góticos nos dois romances mais famosos de Charlotte e Emily Brontë: *Jane Eyre* e *O Monte dos Vendavais*. É dada especial atenção às metamorfoses do herói byroniano nesses romances, bem como à presença de elementos sobrenaturais e góticos nos mesmos.

No primeiro capítulo, abordo as duas personagens principais, Rochester e

Heathcliff, nos romances *Jane Eyre* e *O Monte dos Vendavais*, e as suas caraterísticas enquanto heróis byronianos. Primeiro, concentro-me em Heathcliff como herói byroniano e, em seguida, descrevo muito brevemente o motivo do amor entre irmão e irmã com referência ao *Manfred* de Byron, para tornar mais clara a minha opinião sobre a influência de Byron no escritor. Mais adiante, debruço-me sobre Rochester como um herói byroniano. Identifico igualmente outros tipos de heróis byronianos em *Jane Eyre*.

O segundo capítulo trata dos elementos sobrenaturais e góticos em *O Monte dos Vendavais* e *Jane Eyre*, começando por uma introdução ao gótico, ao seu aparecimento e desenvolvimento. Considero ainda a questão de saber se *o Monte dos Vendavais* é gótico ou realista. Tendo em conta os subtipos de gótico, coloco *Jane Eyre* no grupo dos novos romances góticos, o que é confirmado por muitos críticos. O último capítulo aborda as questões de género, prestando especial atenção à luta de poder e paixão nos dois romances.Charlotte Brontë (1816-1855), uma admiradora de Thackeray, dedicou-lhe o seu romance *Jane Eyre*, mas este foi o seu romance mais anti-Thackerayano. É a história de uma governanta que se apaixona pelo seu amo, casado com uma louca. Aqui, Brontë lança uma paixão que não se encontra nem em Thackeray nem em Dickens, ou seja, uma história de amor de grande realismo, observação e uma espécie de sagacidade. Esta obra-prima dá-lhe uma tensão byroniana, refinada pela formação religiosa e pela disciplina moral. A sua irmã Emily Brontë possuía um talento ainda mais notável. Antes da sua morte, aos trinta anos, escreveu poemas cheios de estoicismo ardente, panteísmo e espiritualidade independente, enquanto no seu romance *O Monte dos Vendavais*, ela apresenta uma tragédia de amor numa história fantástica e poderosa. O romance é, de facto, o coração e a alma do espírito romântico, com a paixão selvagem que se desenrola nos pântanos de Yorkshire. É uma tragédia de amor que contém os elementos perturbados, tumultuosos e rebeldes do romantismo contidos nas almas dos heróis byronianos, com elementos sobrenaturais e góticos.

INTRODUÇÃO À ÉPOCA VITORIANA E AO HERÓI BYRÓNICO

Uma tradição heróica muito caraterística surgiu pela primeira vez durante o Movimento Romântico na Alemanha com *Sturm und Drang,* e culminou com o *Fausto* de LJith Goethe, que é considerado a maior realização do Romantismo. Este "aspeto de herói" foi sempre mais importante na Alemanha do que na Grã-Bretanha. O Romantismo britânico tem os seus representantes, mas com prioridade para o vilão gótico, que se pode dizer ser uma combinação de caraterísticas heróicas e demoníacas. O representante britânico neste domínio é Byron. Se Fausto representa o romantismo alemão, o herói byroniano tem um significado especial na literatura britânica. É claro que não devemos esquecer que o herói byroniano também gerou uma descendência europeia, especialmente em França, na Rússia e na Polónia.

Um herói byroniano apresenta vários traços caraterísticos, e um deles é o facto de poder ser considerado um rebelde em muitos aspectos. O herói byroniano possui uma espécie de "virtude heróica", mas também tem muitas qualidades obscuras. É um indivíduo que possui grandes qualidades de mente e coração. É uma figura de força e criatividade, como os heróis tradicionais, mas que é também um produto da escuridão interior e uma criatura de paixão rebelde. No que diz respeito à sua capacidade intelectual, respeito próprio e hipersensibilidade, o herói byroniano é "maior do que a vida" e, com a perda das suas paixões titânicas, do seu orgulho e da sua certeza de identidade, perde também o seu estatuto de herói tradicional." (Thorslev 187) Há pelo menos quatro factores distintivos na filosofia de vida do herói byroniano: a revolta contra a sociedade, a busca de objectivos individuais, a expressão romântica e a experiência constante de emoções fortes.

A filosofia byroniana vê o amor como a última e única verdade essencial e o lugar de descanso final para alguém nesta vida. O herói byroniano está constantemente em busca de uma vida impossível e é por isso que está condenado ao fracasso. Assim, de acordo com Deborah Lutz, "a definição do herói byroniano é o fracasso melancólico atormentado que se aproxima do sucesso, falha e experimenta a perda eterna, ou seja, a repetição da impossibilidade de felicidade". (Lutz 52)

CAPÍTULO 1

Rochester e Heathcliff como heróis byrónicos

As maiores acções do homem são realizadas em pequenas lutas. A vida, o infortúnio, o isolamento, o abandono e a pobreza são campos de batalha que têm os seus heróis - heróis obscuros que, por vezes, são maiores do que os heróis ilustres.

-Victor Hugo

Heathcliff como Herói Byronico

Charlotte e Emily Brontë diferiam na sua visão da vida e na sua abordagem à literatura. Isto significa que as suas personagens também devem ser diferentes. *O Monte dos Vendavais* é um livro mais difícil de compreender do que *Jane Eyre* porque, segundo Virginia Woolf e outros críticos, Emily era mais poeta do que Charlotte. Woolf confirma este facto com a afirmação:

Quando Charlotte escrevia, dizia com eloquência, esplendor e paixão: "Eu amo", "Eu odeio", "Eu sofro"... Mas não há '1' em *O Morro dos Ventos Uivantes.* Não há governantas... Há amor, mas não é o amor de homens e mulheres." (O'Neill 53)

O herói byroniano é definido por Thomas B. Macaulay como "orgulhoso, mal-humorado, cínico, com desafio na testa e miséria no coração, implacável na vingança, mas capaz de um afeto profundo e forte" (Macaulayl57), e esta definição enquadra-se perfeitamente na personagem principal Heathcliff em *Wuthering Heights* de Emily Brontë. Quando começamos a ler o romance, à primeira vista temos a sensação de que se trata de amor e dos obstáculos que os amantes têm de ultrapassar e esperamos um final feliz. Mas não é bem assim. O amor impossível de Heathcliff torna-o cada vez mais alienado das pessoas que o rodeiam. Ele só quer o que não pode ter e é por isso que tantos leitores o consideram um herói byroniano. A aparência de Heathcliff é típica dos heróis byronianos. É assim que o Sr. Lockwood o descreve, e isso seria certamente apropriado como descrição de Satanás no *Paraíso Perdido* de Milton: "É um cigano de pele escura no aspeto, no vestuário e nas maneiras um cavalheiro: isto é, tão cavalheiro como muitos escudeiros do campo: um pouco desleixado, talvez, mas sem parecer mal com a sua negligência, porque tem uma figura erecta e bonita; e um pouco taciturno." (Brontë 3) Esta descrição cria uma impressão sombria, mas atraente, reticente e apaixonada da aparência e do carácter de Heathcliff, o que está em linha com outros heróis byronianos. Estas palavras revelam o tipo de herói que Heathcliff é e prenunciam a sua extraordinária experiência de vida, que também se reflecte no seu carácter. Ele tem consciência da sua própria frustração e, tal como o Satanás de Milton, está empenhado na destruição. A sua melancolia apresenta a doença da alma byroniana e não fomenta nele o culto da "separação", caraterístico tanto de Manfred como de Childe Harold. Por todas estas razões, Heathcliff é um exemplo perfeito de um herói byroniano. Heathcliff é também um homem que pecou na sua vida, um homem que vive para se vingar e um homem de quem o leitor é capaz de sentir pena.

Heathcliff chega ao Monte dos Vendavais como um rapaz aparentemente órfão e com aspeto de cigano. De imediato, dá por si a ser alvo das atenções de Hindley, que sente que está a competir com Heathcliff pela atenção do pai. É neste momento que Hindley se sente afastado do pai. Após a morte de Earnshaw, a tristeza de Heathcliff começa a crescer. Hindley herda o Monte dos Vendavais e, agora, é Heathcliff que se sente afastado de toda a gente, exceto de Catherine Earnshaw. Nesta altura, Heathcliff é incumbido de fazer todos os trabalhos degradantes em torno do Monte dos Vendavais. Isto enche-o de raiva e ódio por todos, exceto por Catherine, por quem sente um amor obsessivo. Heathcliff é uma personagem extremamente complexa. Esta complexidade também contribui para a criação deste herói byroniano por Emily Brontë. No entanto, Brontë consegue fazer do seu herói sombrio, pelo menos até certo ponto, uma figura simpática. Depois de lerem este romance, os leitores poderão odiar Heathcliff, mas também ficarão muito impressionados com ele, o que não pode ser produzido apenas pelo ódio. Perante um herói byroniano, ou herói vilão, como o próprio nome sugere, o bem e o mal convencionais perdem o seu valor e significado.

Heathcliff quer vingança, mas, ao mesmo tempo, é vítima do mundo inimigo, que lhe extrai o seu potencial sombrio. Heathcliff é um homem cujo lado bom é distorcido pelo ambiente externo. Logo no início do livro, quando o leitor já quase se tinha convencido de que Heathcliff é um bruto cruel e insensível, inconsciente até da obrigação elementar que um ser humano deve a outro, quando, num curto espaço de tempo, chega ao ponto de expulsar Lockwood sozinho para a tempestade. Surge um dos momentos mais líricos do romance, quando Heathcliff se inclina para fora da janela e implora ao espírito de Cathy para entrar: "*Obedeci*, a ponto de sair do quarto; quando, ignorando para onde conduziam os estreitos vestíbulos, fiquei imóvel e fui testemunha, involuntária, de uma superstição do meu senhorio, que desmentia, estranhamente, o seu aparente bom senso" *(*Brontë 23*)*.

A profundidade de sentimentos, a compaixão de que Heathcliff é claramente capaz nessas cenas, obriga-nos a reconsiderar o nosso juízo sobre esta personagem. Mas continua a ser uma questão de opinião pessoal. A sua devoção inabalável a Cathy parece ser a única qualidade redentora de Heathcliff. Para quase todos os outros, ele é um monstro; deleita-se em causar sofrimento e é descrito como sendo um demónio várias vezes ao longo do livro por diferentes personagens. No entanto, continua a ser uma das personagens mais românticas e heróicas da literatura.

Amor incestuoso

Cathy e Heathcliff são um só. São criados como irmãos e podem muito bem ser irmãos. Vagueiam pelas charnecas, partilhando todos os seus sonhos e sofrimentos. Falando do amor de irmão e irmã de Heathcliff e Catherine, podemos dizer que *O Monte dos Vendavais* representa um amor imoral. A obsessão byroniana pelo amor proibido, especialmente entre irmão e irmã, penetrou na imaginação de Emily, que leu pela primeira vez a poesia de Byron em 1833, quando tinha apenas 15 anos. A influência de Byron sobre ela é muitas vezes equiparada à criação do herói byroniano, um espírito desafiador e um gosto por amantes malfadados. Assim, a questão do incesto literal não se coloca diretamente em *O Monte dos Vendavais*, embora Heathcliff herde o nome do falecido Earnshaw, ou seja, do seu pai, mas continue a ser maligno para a família. O livro diz-nos que ele é "um desafiador, um cigano, um demónio, um estranho, e a sua semente é a praga". (Brontë47)

No entanto, o texto é, em muitos aspectos, inocente de imputações incestuosas. Se concebermos o facto de Catherine "repousar a sua querida cabeça na mesma almofada que Heathcliff, o profundo estremecimento emocional complementa o vislumbre do leitor sobre a sua intimidade e não tem qualquer laivo de voyeurismo sexual". (Wilsonl22) É sobretudo governado pela memória de Heathcliff e ele próprio completa a sua frase, "como ela fazia quando era criança." (Brontë257) Com o ajustamento do Byronismo de Emily Brontë e a austeridade do seu próprio humor literário, o próprio romance dá a negação ao conhecimento que tende a caraterizar o amor irmão-irmã. Assim, o leitor tem o conhecimento da unidade essencial e da unanimidade de Catherine e Heathcliff, é a sua afinidade. Esta afinidade deve-se ao facto de Heathcliff ser um changeling no seio da família. A sua ausência de origens atribuíveis significa que pode ter vindo de qualquer lado. É como um resíduo humano nas ruas de Liverpool que gravita em torno de um pai, o Sr. Ernshaw. Na sua semelhança tribal, o facto de as crianças não se assemelharem como homem e mulher é considerado espúrio. Este tema é bastante familiar em Byron. Em Manfred, por exemplo, o herói conta à Bruxa dos Alpes:

Ela era como eu nos traços, nos olhos, no cabelo, nas feições, em tudo, até no tom da voz, diziam que era como a minha... Eu amava-a e destruía-a... (Manfred II, ii)

Por conseguinte, se compararmos Manfred e Heathcliff, é óbvio que a voz de Heathcliff não é menos autêntica quando chora para a morta Catherine, porque Manfred chorou com igual paixão anos antes para Astarte:

Mas fala comigo!

*Fala-me! ainda que seja com ira! Mas dize-me - não sei o quê - mas deixa-me ouvir-te uma vez - uma vez e mais uma vez! (*Manfred II,iv*)* Especificamente, a maldição de Manfred, que o leva a ser assombrado por Astarte, soa muito como o desejo de Heathcliff de ser assombrado por Catherine. Uma diferença é que, em Byron, o fantasma de Astarte articula a sua maldição. Manfred é atormentado pelo facto de ter tido uma relação incestuosa com a sua irmã no passado. Assim, há toda esta dor e amor, combinados com personagens muito convencionalmente masculinas, ou seja, extrovertidas e aventureiras. Heathcliff corresponde ao modelo do herói byroniano também nesse sentido. No entanto, no caso de Brontë, há uma diferença saliente. Heathcliff e Catherine não são referidos como tendo semelhanças. Por exemplo, a exclamação muito popular de Catherine no capítulo IX é referida como a manifestação do amor perfeito: "O tempo mudá-lo-á, estou bem ciente, como o inverno muda as árvores - o meu amor por Heathcliff assemelha-se às rochas eternas por baixo - uma fonte de prazer pouco visível, mas necessária. Nelly, eu sou Heathcliff - ele está sempre na minha mente." *(*Brontë73)

De acordo com Graeme Tytler, "as palavras de Catherine são interpretadas como parte de um padrão psicológico específico, considerando o discurso como uma certa relutância da parte da heroína em aceitar a 'alteridade' da identidade de Heathcliff". (Graeme 47.2) Há muitas provas que confirmam a consideração incauta de Catherine por Heathcliff, apesar do facto de ela se identificar com ele. Esta frase é proferida no momento da sua consulta com Nelly sobre se deve ou não casar com Edgar Linton. Catherine considera que Heathcliff não sabe o que é o amor e isto sugere que ela estava simplesmente ansiosa por prolongar a sua relação de infância. Embora Heathcliff se mantenha fiel à sua natureza interior ao longo do romance, Emily não o julga com demasiada severidade. Quando se casa com Edgar e vive em Thurshcross Grange, Cathy é simbolicamente punida com a morte. A principal defesa que Emily faz do herói byroniano é o facto de ele abraçar a sua natureza interior e permanecer fiel a si próprio, custe o que custar.

Devido à fama e popularidade duradouras do romance, Heathcliff é frequentemente considerado como um arquétipo do herói byroniano torturado, cuja paixão por tudo o que o consome 9

As paixões de Heathcliff destroem-no a si próprio e aos que o rodeiam. Heathcliff também pode ser visto como um reflexo e um produto do seu passado psicológico: os maus tratos, a negligência e o desprezo daqueles com quem cresce tornam-no abusivo, negligente e desdenhoso. Se Emily Brontë não tivesse sido tão fortemente influenciada por Byron, Heathcliff não poderia ter sido concebido, mas ele vai mais longe do que o herói byroniano na sua rebelião romântica. A sua natureza complicada, hipnotizante e completamente bizarra faz dele uma personagem rara, com componentes tanto de herói como de anti-herói.

Rochester como Herói Byronico

É um mero facto que tanto *Jane Eyre* como *O Monte dos Vendavais* são produtos da era vitoriana, escritos por duas mulheres da mesma família que eram irmãs. Ambos os romances exploram o amor profundo e apaixonado que triunfa contra todos os obstáculos e probabilidades, envolvendo heróis taciturnos com um passado. Enquanto *O Morro dos Ventos Uivantes* traz à tona o diabolismo a um nível terreno e uma união imaginada para além de todas as amarras, *Jane Eyre* mantém-se fiel à base divina cristã e aos códigos morais humanos do casamento, questões muito comuns na era vitoriana, e a um cumprimento satisfeito desses códigos, na própria terra. Devido a este fator, a caraterização é também diferente. Jane Eyre, por um lado, é gentil, simples, completamente impercetível, mas com um porte e uma vontade dignos, claros e indomáveis. Por outro lado, é uma órfã, que passa por indignidades desde a infância, por sofrimentos na idade adulta, até conseguir o verdadeiro amor. Jane gosta apaixonadamente de Rochester, mas preserva frequentemente o seu distanciamento em relação a ele. Charlotte Brontë tem o cuidado de garantir que o leitor, que está prestes a apaixonar-se pela heroína, também deve preservar o seu grau de distanciamento. "As duas irmãs foram influenciadas por Byron, mas não mostraram a mesma reação ao Byronismo nos seus romances e poesia. Enquanto Emily representa a adoção em grande escala, Charlotte 10

parece demonstrar a tendência para ser simultaneamente atraído e repelido". (WilsonIIS) Isto confirma o facto de as duas irmãs apresentarem versões ligeiramente diferentes do herói byroniano, o que pode explicar as diferenças mensuráveis nas suas reacções. Para Emily, por exemplo, o herói byroniano é uma força da natureza que não pode e não deve ser domada ou controlada. Charlotte, por outro lado, parece explorar as qualidades sedutoras e redentoras do tipo de personagem, que pode ser reformado. Charlotte, tal como a sua irmã Emily, foi fortemente influenciada pela poesia de Byron na sua própria escrita. Começou a sua carreira de escritora como poetisa.

O herói byroniano tem outra dimensão na obra de Charlotte. Está intacto, mas menos evidente. Não é um sedutor típico e não hipnotiza Jane de forma alguma. Tal como Heathcliff, Rochester tem a pele escura, mas é considerado menos agradável à vista." (Oneill34) Tem "sobrancelhas largas e grossas, a testa quadrada, as narinas cheias, denotando... cólera, a boca, o queixo e o maxilar sombrios" (Brontël83) e todos estes atributos são mais notáveis pelo "carácter" e não pela atratividade. Falando do seu corpo, Jane nota que ele tem "uma boa figura no sentido atlético do termo, peito largo e flancos finos; embora nem alto nem gracioso". (Brontë 137). Rochester tem experiência suficiente no amor, embora possa não parecer um típico sedutor byroniano. Tem um passado sexual atribulado. Jane considera Adéle como sua filha e, posteriormente, Rochester também dá a entender que ela pode ser. Depois de dar a Adéle um vestido de seda cor-de-rosa, Rochester explica: "dentro de alguns minutos, ela vai voltar a entrar; e eu sei o que vou ver, - uma miniatura de Céline Varens, como ela costumava aparecer nos quadros na altura do nascimento - mas isso não interessa." (Brontë 158) Rochester torna o seu caso com Céline bastante claro muito mais tarde, quando nega que Adéle seja sua filha. Revela também que teve duas outras amantes, Giacinta e Clara. Os heróis de Byron também têm passados sexuais misteriosos, algo único na versão de Charlotte. Assim, a principal diferença entre Byron e Charlotte é que Byron teve alguns flirts homossexuais, ao contrário de Rochester, que é estritamente heterossexual. Ao longo do romance, exceto no início, a relação de Jane e Rochester é uma relação de igual para igual, como a de Catherine e Heathcliff em *O Monte dos Vendavais*. Por isso, Manfred e Astarte também estão em sintonia, como recorda Manfred: "Ela tinha os mesmos pensamentos e vagueações solitários, / A busca do conhecimento oculto, e uma mente / Para compreender o universo" (Manfred II,ii). Logo no início da sua relação, Rochester diz: "Não quero tratá-la como uma inferior... só reivindico a superioridade que deve resultar de vinte anos de diferença de idade e um século de experiência". (Brontë 152).

A sua igualdade é discutida como uma espécie de semelhança muito semelhante à de Heathcliff e Catherine no romance de Emily e à de Manfred e Astarte no drama de Byron. Jane reflecte enquanto observa as interações de Rochester numa festa em Thornfield Hall: "(Brontë 199) A mesma linguagem de igualdade e parentesco é repetida durante o pedido de casamento de Rochester: A mesma linguagem de igualdade e parentesco é repetida durante o pedido de casamento de Rochester: "A minha noiva está aqui", disse ele, atraindo-me novamente para ele, "porque a minha igual está aqui, e a minha semelhança". (Brontë 285)

De facto, o que Charlotte oferece no romance *Jane Eyre* são as duas versões do herói byroniano e ambas se baseiam nos modelos de Byron. Não só Rochester, mas a própria Jane é também um verdadeiro herói byroniano. É dona de si e independente, mas, ao mesmo tempo, é limitada por algumas convenções da sociedade. Como observa Susie Campbell: "Em última análise, é Jane o verdadeiro herói byroniano do romance. Na sua passagem pela solidão, isolamento, sofrimento intenso e tentação, Jane afirma a sua própria individualidade, forja um sentido de identidade e proclama a liberdade e a independência da vontade." *(Campbell 67)* Rochester reconhece as suas qualidades byronianas e trabalha para a libertar da prisão que impôs a si própria. Mas depois de ela se recusar a tornar-se sua amante e de não conseguirem casar, Rochester fala com ela: "Jane! Queres ouvir a razão? - porque se não ouvires, tentarei a violência" (Brontë 340). Uma parte dela quer render-se a ele, mas é suficientemente razoável e toma a sua decisão com dignidade: "Eu cuido de mim. Quanto mais solitária, quanto mais sem amigos, quanto mais insustentável eu for, mais me respeitarei." *(*Brontë 356*)*.

Mais adiante no romance, Jane ganha o que sempre desejou, ou seja, a posse de si própria, o que lhe permite pôr à prova as convenções de género da sua sociedade. Após a herança de Jane e os ferimentos de Rochester, Jane torna-se a financiadora da família e o marido passa a depender dela. Esta inversão, mesmo nos dias de hoje, é rara e demonstra que Jane e a sua criadora

Charlotte são, de facto, protofeministas. Ao longo da era vitoriana, a influência de Byron manifestou-se na obra de muitos autores e artistas. Há muitos exemplos de heróis byronianos, como os retratados por Charlotte e Emily Brontë, que ficaram fascinadas com a produção poética e a vida arrojada de Byron. As duas irmãs ficaram hipnotizadas pela impossibilidade da sua existência, baseada numa busca do amor que estava condenada ao fracasso. Pode dizer-se que a tradição literária do heroísmo na Grã-Bretanha praticamente morreu com Byron, mas algumas excepções notáveis representam a sua continuação. O Rochester de Jane Eyre é certamente um descendente do vilão-herói gótico, tal como o Heathcliff de Emily Brontë.

CAPÍTULO 2
A LUTA ENTRE O PODER E A PAIXÃO EM WUTHERING HEIGHTS E JANE EYRE

Este capítulo centra-se na interação de elementos românticos e góticos nos dois romances mais famosos de Charlotte e Emily Brontë: *Jane Eyre* e *O Monte dos Vendavais*. É dada especial atenção às metamorfoses do herói byroniano nesses romances, bem como à presença de elementos sobrenaturais e góticos nos mesmos.

No início, o artigo aborda os heróis byronianos nos dois romances *Jane Eyre* e *O Monte dos Vendavais* e as suas caraterísticas enquanto heróis byronianos. Identifico igualmente outros tipos de heróis byronianos em *Jane Eyre*. Os capítulos seguintes tratam dos elementos sobrenaturais e góticos em *O Monte dos Vendavais* e *Jane Eyre*, começando por uma introdução ao gótico, ao seu aparecimento e desenvolvimento. Considero ainda a questão de saber se *o Monte dos Vendavais* é gótico ou realista. Tendo em conta os subtipos de gótico, coloco *Jane Eyre* no grupo dos novos romances góticos, o que é confirmado por muitos críticos.

O herói byroniano na ficção vitoriana

Charlotte Brontë (1816-1855), uma admiradora de Thackeray, dedicou-lhe o seu romance *Jane Eyre*, mas este foi o seu romance mais anti-Thackerayano. É a história de uma governanta que se apaixona pelo seu amo, casado com uma louca. Aqui, Brontë lança uma paixão que não se encontra nem em Thackeray nem em Dickens, ou seja, uma história de amor de grande realismo, observação e uma espécie de sagacidade. Esta obra-prima dá-lhe uma tensão byroniana, refinada pela formação religiosa e pela disciplina moral. A sua irmã Emily Brontë possuía um talento ainda mais notável. Antes da sua morte, aos trinta anos, escreveu poemas cheios de estoicismo ardente, panteísmo e espiritualidade independente, enquanto no seu romance *O Monte dos Vendavais*, ela apresenta uma tragédia de amor numa história fantástica e poderosa. O romance é, de facto, o coração e a alma do espírito romântico, com a paixão selvagem que se desenrola nas charnecas de Yorkshire. É uma tragédia de amor que contém os elementos conturbados, tumultuosos e rebeldes do romantismo contidos nas almas dos heróis byronianos, com elementos sobrenaturais e góticos. O herói byroniano apresenta muitas caraterísticas, e uma delas é que pode ser considerado um rebelde em muitos aspectos. O herói byroniano tem um tipo de "virtude heróica", mas também muitas qualidades obscuras. É um indivíduo que possui grandes qualidades de mente e coração. É uma figura de força e criatividade, como os heróis tradicionais, sendo também um produto da escuridão interior e um epítome da paixão rebelde. No que diz respeito à sua capacidade intelectual, auto-respeito e hipersensibilidade, o herói byroniano é "maior do que a vida" e com a perda das suas paixões titânicas, do seu orgulho e da sua certeza de identidade, ele perde também o seu estatuto de herói tradicional." (Thorslev 187) Os quatro factores notáveis na filosofia do herói byroniano são: revolta contra a sociedade, procura de objectivos individuais, expressão romântica e a experiência constante de emoções fortes.

Outros tipos de heróis byronianos

No romance *Jane Eyre,* Brontë apresenta duas versões do herói byroniano, ambas baseadas nos modelos de Byron. Não só Rochester, mas a própria Jane é também um verdadeiro herói byroniano. É dona de si e independente, mas, ao mesmo tempo, é limitada por algumas convenções da sociedade. Susie Campbell observa: "Em última análise, é Jane que é o verdadeiro herói byroniano do romance. Na sua passagem pela solidão, isolamento, sofrimento intenso e tentação, Jane afirma a sua própria individualidade, forja um sentido de identidade e proclama a liberdade e a independência da vontade" (Campbell 67). O outro tipo de herói byroniano em *Jane Eyre* é, na minha opinião, mais perigoso. Para além da própria Jane, o herói byroniano feminino é também Bertha. Ambas têm diferentes expressões de amor. As emoções de Bertha são caracterizadas pelo excesso, enquanto as de Jane são marcadas pela contenção. No final do romance, verifica-se que Jane domina racionalmente. Jane ganha o que sempre desejou, ou seja, o controlo de si própria. Isto permite-lhe pôr à prova as convenções de género da sociedade em que vivia. Após a herança de Jane e os ferimentos de Rochester, ela torna-se a chefe de família, deixando o marido dependente dela. Esta inversão de papéis, mesmo nos dias de hoje, é rara e demonstra que Jane e a sua criadora Charlotte são, de facto, protofeministas. Bertha é um exemplo típico do que Jane se poderia tornar se as suas tendências violentas não fossem controladas. Ela nunca enlouquece, ao contrário de Bertha, que é apaixonada e temperamental. Como o próprio Rochester, a jamaicana sente-se livre para ignorar todas as regras da sociedade em favor das suas próprias inclinações. Como uma heroína byroniana, Jane está interessada na sua independência, mas apenas se for aceite pela sociedade. Bertha, por outro lado, sente-se justificada e aumenta a sua hostilidade para com Jane quando se aproxima o seu casamento com Rochester. Em busca de vingança, deita fogo à cama do marido enquanto este está a dormir. Mas, felizmente, Jane salva-o. Mais tarde, Bertha também ateia o fogo que destrói Thornfield Hall. No entanto, morre no incêndio e é assim que é castigada por todos os seus pecados.

Assim, Jane precisa de abraçar mais plenamente a sua independência byroniana antes de se sentir à vontade para ignorar certos papéis de género, especificamente os que dizem respeito ao poder e à riqueza. Jane terá de se tornar "o homem" na sua relação com Rochester. Os impulsos de Charlotte levam-na tanto a afastar-se como a aproximar-se do herói byroniano, demonstrando que ela procura o meio-termo adequado ao empregar o tipo de personagem.

Talvez Jane tenha ganho tudo o que sempre quis, mas no final Rochester é quem sofre. Fica cego e aleijado e tudo isto se deve ao incêndio de Thornfield Hall. Mas isso também pode ser interpretado como um fogo purificador que queima o seu passado byroniano e o ajuda a ver os erros que cometeu. Além disso, a sua perda material obriga-o a aceitar os limites impostos ao seu eu. Já não pode cuidar de si próprio; está dependente dos outros até para a sua sobrevivência básica. Como observa Jenny Oldfield, "o Rochester cego e desfigurado dos últimos capítulos, imaginado como uma besta ou um pássaro acorrentado, preso pelos seus ferimentos à inércia física e pela sua dor à apatia social e moral, é a figura do pecador punido" (Oldfield 29). Se o destino de Rochester nos parece incómodo, sobretudo a perda de energia sexual e masculina, devemos ter em conta que é a manifestação da justiça divina que satisfazia os vitorianos. A imoralidade de Rochester é lavada por esta penitência, ele é socializado e recuperado e é-lhe permitido encontrar a felicidade suprema. E a última "prenda" que recebe é o seu filho e o de Jane. No final do romance, Jane dá à luz uma criança.

De acordo com Bloom, existe uma ligação entre Rochester e Byron. Byron pode ter sido um irmão "inventado" para Emily. Para Charlotte, ele era um pai literário. Quando Charlotte 'disciplinou Rochester e 'perdoou o seu passado byroniano', perdoou também Byron, pois 'Charlotte não podia permitir que Byron estivesse para sempre para além dela'" (Bloom 3). Assim, através do casamento de Rochester e Jane, Charlotte consegue figurativamente realizar o seu próprio desejo erótico por Byron. Se Charlotte sentia, de facto, um desejo erótico por Byron, isso sugere uma razão para as tensões byronianas encontradas na sua obra: o seu interesse e atração só conduzem à aprovação quando são impostas limitações.

CAPÍTULO 3
O surgimento do gótico

As heroínas Brontë partilham uma vida interior de extraordinário dramatismo; cada uma delas procura a sua própria forma de ligar os mundos interior e exterior, confirmando a realidade do seu psicodrama gótico, não apenas como a intensidade das suas paixões não viris. Existe aquilo a que Alison Milbank chamou um círculo gótico. Segundo ela, "a forasteira social e o génio maldito impõem a sua vontade ao mundo através do poder criativo de uma forma byroniana, mas ao fazê-lo provoca mais repressão e mantém assim o estatuto de heroína gótica". (Jerrold 153) "Este círculo explica a dualidade de Charlotte Brontë em termos de um impulso byroniano que produz uma dramatização da repressão, enquanto a mesma provocação de vitimização é deliberada e inconsciente." (Hoglel53) Brontë, em particular, preocupa-se com esta dualidade do "círculo gótico" de uma forma que procura dramatizar uma dada realidade social e expor a hipocrisia social com metáforas góticas, provocando assim a sociedade a declarar a sua verdadeira natureza. Em *Jane Eyre*, vemos a realidade no final, o verdadeiro cadáver, ou seja, a esmagada Bertha Rochester. O mistério de Bertha confere uma dose de suspense e terror a todo o enredo do romance e à sua atmosfera. Desta forma, Brontë utiliza um teatro psicológico para revelar a maravilha do horror na realidade. No entanto, não se trata de uma estratégia deliberada que nasce de um radicalismo consciente, mas do próprio ato de imaginar uma contrapartida gótica do terror real que revela a extensão estrutural desse mesmo terror e inspira a vontade de lhe escapar. Brontë, por outro lado, representa a violência e a tirania nas personagens de Hindley e Heathcliff e estas duas personagens foram a razão que levou muitos leitores a verem *o Monte dos Vendavais* no contexto do gótico. Numa introdução ao romance, Patsy Stoneman observa que "os chamados romances góticos do final do século XVIII eram tipicamente ambientados num castelo medieval sombrio, cuja arquitetura gótica maciça e grotesca reflectia o poder repressivo do seu vilão baronial". (Stoneman xix) *O*

Monte dos Vendavais, por outro lado, traça a emergência da família moderna, a sua forma hegemónica de realismo doméstico e uma tendência histórica nas relações entre homens e mulheres. "No entanto, Emily Brontë usa elementos góticos para representar outras versões da vida doméstica, por exemplo, o espaço doméstico como prisão, a família como local de paixões primitivas, violência, luta e controlo." (Stoneman xx).

No entanto, a espiritualidade e o sobrenaturalismo sempre foram tópicos de consideração literária, mas há momentos históricos específicos em que a controvérsia irrompe e são estabelecidos novos padrões. No meio deste desacordo, o romance gótico surgiu como um novo género de escrita e abordou diretamente este tópico altamente contestado. Os domínios do gótico limitavam 18

As obras em prosa das irmãs Charlotte e Emily Brontë são do domínio mais fascinante e hipnotizante. Não consideramos as obras das Brontë como estritamente góticas mas, na realidade, grande parte da sua obra insere-se mais ou menos diretamente na tradição gótica. Os seus romances estão repletos de referências temáticas e simbólicas a casas isoladas, pântanos sombrios e ventosos, atmosfera pesada e visitas espectrais. A magia, o mistério e o cavalheirismo constituem geralmente a base estrutural do romance gótico, gerando integridade de sentimentos e profundidade que fazem do gótico espetacular mais do que um mero estereótipo nas obras de Charlotte e Emily.

Os estereótipos no renascimento gótico eram diferentes em comparação com os convencionais. Não eram tão atraentes e antigos e estavam a ser tratados a partir dos aspectos das irmãs Brontë e dos seus objectivos literários. No entanto, o género gótico tornou-se um dispositivo literário eficaz para os romances de Charlotte e Emily, empurrando o romance gótico e todos os seus atributos para a corrente principal dos escritores de prosa britânicos e das suas obras. Em particular, este belo exemplo de gótico é maravilhosamente retratado e explorado nos romances *O Monte dos Vendavais* e *Jane Eyre.*

A obra das irmãs Brontë representa um género com um toque especial, que confere aos dois romances uma qualidade intemporal, ao mesmo tempo que os mantém vivos no domínio literário do século XXI. O tom gótico e sinistro que as escritoras adoptam é suficientemente mau para as protagonistas das Brontës, mas os acontecimentos verdadeiramente horríveis têm explicações prosaicas, como tias maliciosas, maridos abusivos, perpetrados pelos seus familiares e alegados amigos. Para as Brontës, o inferno estava, por definição, enraizado noutras pessoas. No entanto, o que continua a ser tão fascinante no género gótico é o facto de ser tudo menos um género homogéneo ou estático. A crença e a suspensão da descrença estão no cerne do gótico. A credulidade da crença e da descrença no sobrenatural manifesta-se em ligação com ideias do sublime, com conotações de sensibilidade, com o cerne do mito da criação e com conceitos teológicos sobre a condenação.

O Monte dos Vendavais: gótico ou realista?

Como já foi referido, o romance foi publicado em 1847, durante a era vitoriana, mas o seu estilo era muito diferente do estilo da maioria dos romances vitorianos. O romance não foi geralmente aclamado pelos críticos literários do início do período vitoriano. Emily não seguiu rigorosamente os métodos literários habituais da época, nem desenvolveu o enredo e as personagens da forma habitual. O estilo, o cenário e o enredo, como a escuridão discutível do ambiente sombrio e a complexidade das personagens principais, são essenciais para decidir se o romance é ou não um exemplo de romance gótico. Ao longo do tempo, o romance foi criticado e aceite de forma diferente. Por exemplo, Douglas Jerrold escreveu no *Weekly Newspaper* de 15 de janeiro de 1848, o seguinte

O Monte dos Vendavais é um livro estranho, que desafia toda a crítica regular; no entanto, é impossível começar e não o acabar, e é igualmente impossível pô-lo de lado e não dizer nada sobre ele... Em O Monte dos Vendavais, o leitor fica chocado, enojado, quase enojado com pormenores de crueldade, desumanidade e do mais diabólico ódio e vingança, e logo surgem passagens de testemunho poderoso do poder supremo do amor - mesmo sobre os demónios sob a forma humana (Jerrold 43). Passados quase cem anos, em 1949, *O Monte dos Vendavais* é considerado em termos de duas concepções: alguns leitores encontraram nele o mais profundo conteúdo espiritual e outros, uma conceção perversa em que a exaltação da brutalidade e do ódio raia o repulsivo. Derek Traversy afirmava que: "para além da paixão romântica, há um outro elemento profundamente caraterístico: a tendência para ver a vida humana e as paixões individuais na sombra da morte." (Vogler 61) Segundo ele, a morte é sentida intensamente no romance, quer em ligação com os protagonistas apaixonados, quer como uma profunda intuição de paz.

O próprio romance mantém uma distinção entre o gótico e o realismo e revê a distinção tradicional entre a narrativa de "enquadramento" e a história "central". Normalmente, os romances góticos estavam separados do presente em termos de tempo, lugar e atmosfera, recorrendo a um narrador moderno e civilizado para "enquadrar" a história que, sem a sua mediação, poderia parecer demasiado rebuscada para ser credível. Assim, a forma como Emily Brontë descreve a casa senhorial e os arredores das charnecas de North Yorkshire poderia rapidamente enquadrar-se no tipo de escrita realista. A autora não procura retratar a casa senhorial, onde decorre a maior parte da história, como um local caloroso, simpático e acolhedor. Em vez disso, mostra-o como um lugar escuro, sombrio e sinistro. Com estas descrições, a autora enquadra-se muito bem no estilo realista de Charles Dickens. Não é apenas a descrição da casa senhorial em *O Monte dos Vendavais* que demonstra que Emily Brontë foi influenciada pelas técnicas realistas, mas a representação das personagens principais também reflecte elementos do estilo realista ao longo do romance. As representações de Heathcliff e Catherine podem ser consideradas muito realistas na sua construção e apresentação. Ambas as personagens são artisticamente descritas como complexas. Heathcliff é considerado altamente enigmático, enquanto Cathy e a sua personalidade parecem suficientemente "credíveis". A qualidade peculiar das descrições nos primeiros três capítulos é realçada pelo narrador Lockwood, que entra no *Monte dos Vendavais* e tenta interpretar o que vê à sua maneira. Os "gatos" são coelhos mortos, os cães "demónios de quatro patas" (Stoneman xx). Heathcliff é igualmente descrito como um "cigano e um cavalheiro"." (Stoneman xix); a jovem Catherine é descrita como um ser que não pertence a ninguém. Quando Lockwood implora: "Do point out some landmarks by which I may know my way... give me a guide" (Brontël2), pode estar a referir-se ao interior e ao exterior da casa.

Apesar das técnicas de escrita realistas, *O Monte dos Vendavais* apresenta abundantes 21

O romance utiliza também as convenções góticas. As fortes influências góticas que se fazem sentir em todo o romance explicam claramente por que razão se pode argumentar que este livro é, de facto, um romance gótico e não uma obra puramente realista. Para descrever um lugar, um acontecimento ou uma personagem de "natureza" gótica, são necessários elementos sombrios, desoladores ou mesmo sinistros e uma atitude ambígua em relação aos valores sociais e morais. O gótico pode ser entendido como sendo antigo e grandioso ou, em alternativa, como sendo mau e anormal. Os contos e romances que são nominalmente românticos por natureza devem normalmente terminar com um final feliz, em que a maioria ou mesmo todas as personagens principais terminam a história numa posição melhor do que quando começou. Em muitos aspectos, a forma como Brontë retrata Heathcliff como um homem misterioso, sombrio e perigoso é a chave para a complexidade da sua personagem e para o apelo duradouro de *O Monte dos Vendavais* como um todo. As descrições, os pensamentos, as atitudes e o comportamento de Heathcliff combinam-se sem esforço para o apresentar como uma figura gótica. Brontë consegue retratar Heathcliff como uma figura gótica porque *O Monte dos Vendavais* não é escrito a partir da sua perspetiva pessoal. Em vez disso, Brontë torna a aparência de Heathcliff mais sombria, mais misteriosa e mais sinistra, fazendo com que duas personagens distintas contem toda a história através da sua própria narração. Uma grande parte do gótico reside no passado de Heathcliff, que simplesmente não é conhecido. O mistério é ainda maior devido ao facto de Heathcliff esconder as suas motivações de todas as pessoas com quem entra em contacto. Outro aspeto que devemos ter em consideração é que as raízes do gótico nas obras de Brontë residem na influência de Byron. *O Monte dos Vendavais* pode ser justaposto ao *Manfred* de Byron. No Ato II, Cena 2, Manfred recorda Astarte e provoca a Bruxa dos Alpes, rejeita a sua ajuda, rejeita a humanidade e também o cristianismo. O poema de Byron tem pouco enredo e contém pouca luta, pois ninguém nele está à altura do herói. Mesmo quando o Diabo reclama a sua alma, ele afasta-o facilmente. Tanto Heathcliff como Manfred têm pouca humanidade. Manfred está sozinho no centro do palco, admirado pelas outras personagens e recusando-se a comunicar com elas. É essencialmente ininteligível. Heathcliff[1] , apesar das suas conversas ocasionais com Nelly Deani, é também uma personagem essencialmente ininteligível. Os dois, com a sua reticência altiva, a sua paixão monomaníaca e o seu poder preternatural, são por vezes sobre-humanos, por vezes desumanos, mas nunca humanos. Temos a impressão de que sofrem uma grande agonia no seu íntimo e sabemos que Manfred confirma o seu acolhimento à morte e reparamos como Heathcliff define o seu destino, mas não sentimos qualquer compaixão pelo seu sofrimento, como acontece com outros heróis também maiores do que os homens comuns, como Otelo ou Macbeth.

Jane Eyre: Um novo romance gótico

Jane Eyre foi classificada como pertencendo a diferentes géneros, incluindo o Bildungsroman e o romance, mas a história baseia-se fortemente em convenções góticas fundamentais. À primeira vista, um romance gótico parece ser sobre desgraça e tristeza. Embora todas as obras góticas tenham de facto uma atmosfera sombria, há muito mais para além disso. Os romances góticos são definidos pelos seus cenários assombrados e tons misteriososi acontecimentos bizarros e inexplicáveisi e personagens com emoções fortes e descontroladas e uma crença no sobrenatural. A história de Charlotte é convencional. Todas as suas personagens estão sempre a fugir para glorificar o "sentimento". No entanto, os sentimentos estão lá, quer escapem à repressão, quer variem entre a excitação nervosa e a absorção emocional. Os elementos de um romance gótico são os mesmos, mas com algumas adições. Um romance gótico tem normalmente o elemento adicional de um amor poderoso que a personagem principal receia que não seja correspondido. Através da utilização de cenários assombrados, personagens macabras e paixões desenfreadas, Charlotte Brontë tece de forma intrincada uma sensação de suspense e mistério no seu romance gótico Jane Eyre. Para ela, significa uma aventura na 'escuridão psíquica' "(Rathburn, SteinmannllS). Ao contrário de muitos romances góticos contemporâneos, a intenção de Brontë não era assustar ou proporcionar uma emoção temporária. A autora utiliza as convenções góticas para explorar os sentimentos, especialmente os sexuais, de uma forma adequada à sociedade vitoriana. Hailman vê três versões da escrita gótica: Velho Gótico, Anti-Gótico e Novo Gótico. O Velho Gótico inclui a convenção do sensacionalismo, ou seja, uma emoção barata por si só. Os princípios básicos estão presentes na escrita de Brontë, mas modificados. O anti-gótico utiliza maneiras cómicas que fazem lembrar o romance de Jane Austen, *Northanger Abbey*. Nele, a autora apresenta os incidentes de uma forma factual e seca, desmascarando assim os elementos sensacionais. A versão de Brontë do gótico é o Novo Gótico, respetivamente. A autora nega a atração superficial das personagens para se concentrar na poderosa atração interior que existe entre elas. O amor mistura-se com hostilidade, violência e apresenta uma necessidade profunda. O gótico tradicional foi muitas vezes observado em *Jane Eyre* em termos de terrores infantis, com todas essas imagens, sons e actos de injúria misteriosamente ameaçadores que revelam a presença de uma força malévola. A autora modifica sempre estas convenções da arte ficcional. O simbólico também modifica o gótico, que é uma resposta mais madura e complicada do que a simples emoção ou intensidade momentânea de sentimento procurada pelo gótico primitivo. Quando a Sra. Rochester estava louca, vista apenas como "o espetro alemão imundo" que espalha o terror à noite, é uma coisa; quando, com a perspicácia maliciosa que é o paradoxo da sua loucura, ela rasga o véu de noiva em dois e destrói simbolicamente o casamento planeado, é outra coisa, muito menos elementar como arte. Thornfield torna-se mais do que um choque quando é visto como o fogo da purgação e a floresta sombria, quase sem estradas, é também sentida como um símbolo da vida fechada de Rochester. Charlotte consegue fazer do gótico mais do que um estereótipo: "Ela encontra novas formas de atingir os objectivos do gótico antigo, ou seja, a descoberta e a libertação de novos padrões de sentimento e a intensificação do sentimento." (Rathburn, Steinmann 132) Jane é retratada como evocando novos sentimentos e não como exercitando os antigos. Charlotte afasta-se da caraterização padrão para novos níveis de realidade humana e, consequentemente, de respostas padronizadas para um novo tipo de envolvimento apaixonado. De acordo com as convenções góticas, *Jane Eyre* apresenta muitas vezes os símbolos não tanto como tesouros, escondidos nas profundezas da obscuridade, como encontramos em romances mais convencionais e certamente mais contemporâneos, mas como dádivas vindas do alto, relâmpagos, saltando da página, tornando a sua presença conhecida. Os sonhos estranhos, temerosos e simbólicos de Jane não são um mero thriller, mas reflectem as tensões do período de noivado, o seu stress e a saudade de Rochester depois de o ter deixado. Na opinião de Hailman, esta é a prova da sua nova dimensão do gótico, ou seja, *"o seu mergulho em sentimentos que não têm estatuto no mundo comum do romance".* O que é essencialmente importante aqui é que a função da ficção gótica é dar vazão ao interesse humano pelo irracional, o inexplicável, as partes misteriosas da vida e da experiência. Brontë utiliza convenções e motivos para simbolizar as partes enigmáticas da personalidade humana. Assim, a mansão escura, os segredos e os estranhos sinistros do género gótico tornam-se símbolos das partes desconhecidas e assustadoras do eu inconsciente.

A personagem de Jane, construída como uma personagem complexa, tem uma personalidade multifacetada, movida por uma série de instintos e desejos inconscientes. Quando se apaixona por Rochester, Jane compreende que ele provavelmente nunca a amará de volta e que, mesmo que o fizesse, seria considerado impróprio casar com ela. Como vítima do amor, Jane descreve ao leitor que: "Eu não tinha a intenção de o amar... Tinha-me esforçado muito para extirpar de mim os germes de amor que tinha detectado; e agora, à primeira vista renovada dele, eles reviveram espontâneos e fortes." (Brontë 207) Ela tenta conter as suas emoções e convencer-se de que elas não existem, mas no final as suas emoções são demasiado fortes. Mesmo quando era jovem, Jane não conseguia esconder as suas verdadeiras emoções.

Por exemplo, não tem escrúpulos em dizer à tia: "Não te amo; não gosto de ti mais do que qualquer outra pessoa no mundo". (Brontë 45). Por isso, ela é uma mistura de racional e irracional, calculista e apaixonada e, como já referi, é também o herói byroniano. No entanto, o tema central de *Jane Eyre* baseia-se num conceito do eu como individual e único, que é um conceito romântico. Este facto é também confirmado por Susie Campbel: "O romance gótico foi apenas um desdobramento de todo o empreendimento romântico para recuperar o sentido da psique humana como paixão, espírito e imaginação". (Campbel 66) Isto aconteceu como uma reação contra o Iluminismo do século XVIII, que desvalorizava as partes irracionais e imaginativas da natureza humana. Wordsworth e Coleridge, como escritores românticos, davam grande importância à capacidade da humanidade para raciocinar e exercer a força de vontade e colocavam acima da capacidade individual para sentir e criar. O efeito disto no pensamento de Brontë pode ser visto na sua insistência na natureza apaixonada de Jane e no seu desenvolvimento como artista. O que é importante compreender é que, para o romântico, o ser humano é um espírito imortal preso numa estrutura mortal e só por isso não podemos atingir a maturidade total e a realização perfeita.

Este romance possui algumas das caraterísticas de uma narrativa gótica "clássica" quando pensamos em fuga, subversão e mobilidade. Alguns críticos defendem que *Jane Eyre* não é um romance gótico, mas um exemplo da utilização do gótico por um romancista do século XIX. No entanto, as convenções góticas tradicionais são utilizadas, mas de uma forma muito individual. Assim, o romance de Charlotte Brontë é fortemente influenciado por elementos góticos como o sobrenatural, o anormal e, por fim, o horrível. Em *Jane Eyre,* a casa antiga e peculiar com a sua atmosfera malévola, o lunático delirante e a mensagem telepática de Rochester para Jane são todos derivados do romance gótico. *Jane Eyre* é também um bom exemplo de como a textura interrogativa do gótico funciona em relação ao sobrenatural e ao espiritual. A recusa de Jane em comprometer-se, o seu afastamento de Rochester e 26

Thornfield, após o encontro com Bertha, é virtualmente iniciado pela mãe como um fantasma, numa bela cena gótica no Capítulo 27: "Sonhei que estava deitado no quarto vermelho de em Gateshead; o brilho era tal como o que a lua transmite aos vapores que está prestes a cortar. Vi-a chegar com a mais estranha antecipação; como se alguma palavra de condenação estivesse para ser escrita no seu disco. (Brontë338)

Neste encontro sobrenatural, *Jane Eyre* retrata a dimensão emocional da textura interrogativa gótica. Por outras palavras, os excessos góticos genéricos, como o horror e o sobrenaturalismo, interagem com o aspeto emocional do gótico através da associação com o reino do sonho, do desejo e do pesadelo. Apesar de se entregarem ao género do romance gótico com o seu toque habitual de paixão e emoção "sombria", tanto Charlotte como Emily aperfeiçoam consideravelmente a técnica em relação ao gótico "autêntico" da década de 1790. Por exemplo, em *Jane Eyre,* vemos a riqueza da poesia, do simbolismo e da metáfora, que o distingue do padrão dos romances góticos anteriores. Assim, o que Charlotte Brontë pretendia era criar uma obra que unificasse habilmente elementos dos dois estilos e, ao mesmo tempo, se mantivesse independente deles, uma vez que aborda questões que, na altura, eram bastante controversas.

O sobrenatural em *O Morro dos Ventos Uivantes* e *Jane Eyre*

Qualquer tentativa de explicar a popularidade destes dois romances deve ter em conta a sua representação da vida interior, sem relação com condições sociais temporárias. Ambos os romances possuem um estatuto popular de longa data e, apesar das suas diferenças de tom, estilo e perspetiva, o seu sucesso contínuo pode dever-se a caraterísticas semelhantes. Têm muitos factores em comum, como as preocupações temáticas, os cenários, a cor local, as técnicas narrativas e, acima de tudo, os elementos sobrenaturais, como em oposição aos elementos fortemente naturalistas. Alguns críticos modernos condenam o jogo de terror efectuado por Emily na sua representação da criança fantasma e dos últimos dias de Heathcliff atormentado por fantasmas, e menos habilmente por Charlotte nos episódios da esposa louca de Bertha. A qualidade fechada e introspectiva de ambas as escritoras pode facilmente levar à utilização do sobrenatural em momentos de grande tensão, como exposição de traumas interiores sofridos pelas personagens. O sobrenatural pode aumentar o clima de medo e confusão. Este dispositivo é simplesmente utilizado pelas duas irmãs. É o psicologicamente correto, manifestando algum aspeto secreto do inconsciente.

O sentimento de ansiedade de Jane na véspera do seu casamento traduz-se em dois sonhos estranhos: um do fardo da criança e outro de uma Thornfield em ruínas, e na arrepiante "aparição" que entra no seu quarto e rasga o véu. Jane descreve-a em termos de pesadelo como "'selvagem', 'temível' como 'o espetro alemão imundo - o vampiro'". (Brontë 311) Um dos sítios sobrenaturais mais significativos em *Jane Eyre* é o espelho da Sala Vermelha em Gateshead. Quando Jane repara no espelho do quarto vermelho, semelhante a um túmulo, vê uma superfície impenetrável que se limita a "repetir" outras superfícies e, quando se coloca diante do espelho, começa a compreender a dimensão espiritual. O espelho é para Jane uma "cavidade visionária", ou seja, um plano de vagueação com uma profundidade que pode revelar a verdade se passarmos para o outro lado. Jane sempre foi suscetível a contos de fadas e pensa neles não só no episódio do quarto vermelho, mas também durante o seu devaneio em Hay Lane, quando se lembra da história de Bessie sobre o Gytrash que assombrava os viajantes solitários. Rochester, por seu lado, pensou inexplicavelmente em contos de fadas no seu primeiro encontro. No entanto, o romance está repleto destas pequenas referências ao sobrenatural, a fim de criar uma sensação de irrealidade num determinado incidente e de o elevar para além do padrão normal, assumindo um reflexo do estado de espírito de uma personagem. A melhor interpretação da comunicação telepática de Jane e Rochester é uma noite de luar; "'a misteriosa convocação' que a emocionou 'não como um choque elétrico, mas foi tão aguda, tão estranha, tão surpreendente." (Brontë 444) Jane considera que não se trata de uma superstição ou de um engano sobrenatural, mas sim de "uma obra da natureza" que deve ser obedecida.

A mesma indulgência na extravagância imaginativa encontra-se também em *Wuthering Heights*. Os elementos morais e sobrenaturais do livro são muito complicados. A presença do sobrenatural é introduzida com total convicção num ciclo de acontecimentos quotidianos. As sugestões "rudes e estranhas" do romance são revestidas do seu sobrenaturalismo, como o indica claramente uma das reflexões de Nelly sobre uma das personagens mais rudes e estranhas do romance, Heathcliff: "Será ele um ghoul, ou um vampiro? ', interroga-se ela, 'já tinha lido sobre esses demónios hediondos e encarnados'. " (Brontë 293)

Outro momento sobrenatural é o pesadelo de Lockwood. Este é o exemplo mais claro do sobrenatural no romance e é também seguido pelo "jorro de tristeza" de Heathcliff por não ter encontrado o espetro. Segue-se a descida de Lockwood à cozinha e as actividades normais da casa ao início da manhã. A aparição pode ser explicada logicamente pela preocupação de Lockwood com o velho diário de Catherine, mas tem uma função mais importante ao dar o tom desesperado da dramática relação amorosa de Heathcliff e Cathy e ao encarnar a causa dos seus longos anos de sofrimento. Vinte anos após a morte de Catherine, Heathcliff continua a procurar um vislumbre da visão do fantasma de Lockwood, e o fantasma é real para nós através do sonho, tal como para o próprio Heathcliff.

Conclusão

Ao longo da era vitoriana, a influência de Byron manifestou-se na obra de muitos escritores. Neste período, surgiram muitos exemplos de heróis byronianos, como os retratados por Charlotte e Emily Brontë, fascinadas pela produção poética e pela vida arrojada de Byron. Não são apenas as versões masculinas dos heróis byronianos que são mencionadas e elaboradas nestes dois romances. A outra versão do herói byroniano, ou seja, a heroína byroniana, também é importante. Como concorda T. Hull, "a heroína byroniana não tem recebido a atenção primária que merece. Geralmente, não é uma figura tão convincente como o herói, nem é tão central na história literária inglesa e europeia. No entanto, estas heroínas byronianas são importantes e devem ser estudadas com mais atenção pelas seguintes razões: são fascinantes e valem a pena em si mesmas, especialmente porque foram desenhadas pelo autor que criou o mais notório e influente tipo de herói inglês" As duas Brontës ficaram encantadas com a impossibilidade da existência de Byron, baseada numa busca de amor que estava condenada ao fracasso. Pode dizer-se que a tradição literária do heroísmo na Grã-Bretanha praticamente morreu com Byron, mas algumas excepções notáveis representam a sua continuação. O Rochester de Jane Eyre é certamente um descendente do vilão-herói gótico, tal como o Heathcliff de Brontë. Tanto *Jane Eyre* como *O Monte dos Vendavais* podem ser lidos como textos românticos, góticos e/ou realistas e, de acordo com Derek Traversi, "recusam-se a solidificar, materializar ou ser particularizados como uma coisa ou outra". (Dickerson 69) Estes textos sobre fantasmas no quarto vermelho, no espelho e nos costumes são textos fantasmagóricos cujos significados se situam algures no meio.

CAPÍTULO 4

A luta pelo poder e a paixão em *O Monte dos Vendavais* e *Jane Eyre*

A era vitoriana foi um período histórico extraordinário, repleto de mudanças em muitos aspectos diferentes. Como o reinado foi um longo período de prosperidade para o povo britânico, é frequentemente caracterizado como um longo período de consolidação económica, colonial e industrial, embora a Grã-Bretanha tenha estado em guerra todos os anos durante este período. Do ponto de vista literário, foi um período de grande produção literária. Em muitos romances vitorianos, os romancistas confrontam-se com questões semelhantes, como a relação entre homem e mulher, a sociedade, os costumes, a moral e o dinheiro. Os romancistas vitorianos parecem ter-se preocupado com as relações sociais.

No que diz respeito às questões de género, a ascensão de Vitória é vista por muitos críticos e historiadores como um paradoxo. Nessa altura, o sexo feminino era considerado o mais fraco, sempre dependente e inferior aos homens. Era uma época em que todas as decisões, políticas, económicas e jurídicas, eram tomadas pelos homens, mas a própria monarca era preeminente em relação a todos os homens que eram considerados seus súbditos.

O tema do conflito entre poder e paixão em ambos os romances é introduzido por dois pares que procuram o seu equilíbrio para alcançar a felicidade. É evidente que existem certas diferenças nas duas relações principais apresentadas nos dois romances *O Monte dos Vendavais* e *Jane Eyre*. O poder é central em ambos os romances e é necessário um equilíbrio de poder em ambas as relações para alcançar o paraíso do amor. Jane Eyre e Rochester alcançam o seu equilíbrio e um final feliz, enquanto em *O Monte dos Vendavais* o equilíbrio inatingível leva à destruição de Cathy e Heathcliff. Por um lado, como diz Jane Eyre, "We're born to strive endure" (Oldfield 45) e, segundo ela, é melhor ser governanta na escola do que ser amante de

Rochester. Por outro lado, em *O Monte dos Vendavais,* a protagonista feminina Catherine decide casar-se com Edgar Linton para obter uma posição melhor e mais forte na sociedade. G.H. Lewes, numa crítica, descreve a natureza do amor de Catherine por Heathcliff como possuindo "um abandono apaixonado que põe em causa a cultura, a educação e o mundo" (Lewes 81). Na verdade, é desta intensidade apaixonada que surge a violência da ação de todos os incidentes principais. A emoção incontida marca o último encontro entre Heathcliff e Catherine.

A avaliação de Emily e Charlotte Brontë da importância relativa do poder e da paixão é fundamentalmente diferente. Não podemos ter a certeza se o amor doméstico e tranquilo de Hareton e Cathy supera a paixão selvagem e poderosa de Heathcliff e Catherine. Não sabemos se Heathcliff e Catherine alcançam o seu paraíso privado apesar de desafiarem os princípios cristãos. A própria posição de Emily parece sugerir a sua crença num céu pessoal e, certamente, a sua visão do desejo de Heathcliff e Catherine de se unirem num isolamento feliz tem uma impressão mais duradoura do que os vagos adormecidos na terra tranquila do ponto de vista convencional. A heroína de Charlotte é totalmente ambígua. É governada por duas forças, a paixão e o poder, e tem de recorrer a uma força exterior para obter orientação em alturas em que o dever e a emoção fazem reivindicações contraditórias. Por vezes, a voz interior da sua consciência orienta-a para se comportar de acordo com o poder, como na sua decisão de aceitar o lugar de diretora da escola da aldeia. No entanto, por vezes, a expressão da emoção é permitida e, nesse caso, é a atitude correta e sensata para aquela circunstância, como no seu desejo de ganhar experiência longe de Lockwood e na sua recusa da proposta de St.

Visões dominantes do género durante a Era Vitoriana

Durante o período vitoriano, a industrialização trouxe mudanças na economia, nas estruturas sociais e todos os pontos de vista anteriormente comuns começaram também a mudar. O aparecimento de escolas e colégios femininos pôs em causa a opinião generalizada de que a esfera própria das mulheres não era a política e a publicidade, mas a vida privada e doméstica. Apesar de todas as oportunidades para as mulheres se tornarem mais instruídas, muitas pessoas não queriam que elas usassem a sua inteligência e capacidade, porque temiam que perdessem a sua "pureza e inocência". Charlotte e Emily Brontë foram confrontadas com estas oposições quando escreveram os seus famosos romances *O Monte dos Vendavais* e *Jane Eyre.* Segundo G.H. Lewes, "a esfera de atividade própria da mulher é outra que não a escrita. A minha ideia de uma mulher perfeita é aquela que pode escrever mas não o faz". (Lewes 50) A própria Charlotte Brontë admitiu que, por terem a impressão de que as autoras eram susceptíveis de serem olhadas com preconceito, usaram os pseudónimos de Ellis e Currer Bell. Devido ao facto de as coisas terem mudado muito durante a era vitoriana, é muito difícil identificar a "visão dominante" sobre o género, mas pode dizer-se que os dois pares, ou seja, Heathcliff e Catherine, Rochester e Jane Eyre, desafiaram as normas e convenções do seu tempo. Sabemos que existem certas diferenças nestas duas relações, sendo que a principal é o "equilíbrio", que conduz a um final feliz em *Jane Eyre*, enquanto em *O Monte dos Vendavais* o equilíbrio inatingível conduz à destruição.

Em ambos os romances, o tema principal é a relação de igualdade ou, por outras palavras, de equilíbrio. Em *O Monte dos Vendavais*, Catarina domina grande parte do romance devido ao amor eterno de Heathcliff por ela. Em *Jane Eyre*, a heroína pretende casar-se apenas com um "igual" e por amor. Catherine encontra o seu igual em Heathcliff, que conhece quando ainda são crianças. Como Nelly Dean comenta sobre Cathy, "ela tinha maneiras como eu nunca vi uma criança ter" (Brontë 36) e, antes da chegada de Heathcliff, o seu pedido de um chicote como presente do pai é particularmente interessante. Este é normalmente visto como um símbolo de poder, em que o chicote representa a masculinidade, em contraste com o irmão, cuja escolha de presente foi um violino. Embora as escolhas dos presentes pudessem ter sido invertidas, as suas reacções à perda dos presentes também o seriam. Hindley é levado às lágrimas, enquanto Catherine "mostrou o seu humor sorrindo e cuspindo na coisinha estúpida" (Brontë 32), quando fala de Heathcliff, e a reação não é habitual para uma rapariga com "o olho mais bonito, o sorriso mais doce e o pé mais leve da paróquia.(Brontë 36) Hindley, que tem sete anos, mostra uma reação muito "feminina" à perda do presente, enquanto Catherine mostra uma forma assustadora de agressividade "masculina"; o sorriso sugere que ela tem prazer no seu castigo.

Inversão dos papéis de género

Muitos investigadores argumentam que esta inversão dos papéis de género, enquanto Cathy e Heathcliff são ainda crianças, é uma tentativa de Brontë de mostrar que as mulheres e os homens são intrinsecamente diferentes pelo simples facto de serem homens e mulheres. A aparência classicamente bela de Catherine reforça este facto; ela é idealmente feminina por fora, mas um homem bruto por dentro. Mais tarde, no romance, Catarina comenta: "Eu sou Heathcliff! Ele está sempre, sempre na minha mente: não como um prazer, tal como eu não sou sempre um prazer para mim própria, mas como o meu próprio ser (Bronte73), o que alguns consideram significar que, tal como no início da sua vida, através desta igualdade, Catherine é masculinizada. Heathcliff nunca é referido como "Mr" ou "Master" e Heathcliff funciona como nome próprio e apelido. Assim, considerando a natureza violenta de Heathcliff e a ideia de que é "feminino", pode concluir-se que Brontë está a dizer que as mulheres também podem ser violentas e cheias de raiva, tal como Hindley estava cheio de emoções "femininas".

Em menor grau, isto é demonstrado pelo comportamento de Jane Eyre. Enquanto rapariga, é inegavelmente corajosa e forte para a sua idade, embora através do narrador na primeira pessoa possamos ver o medo subjacente que não conseguimos ver em Catherine. Podemos sentir a sua tristeza e necessidade de ser amada, apesar de enfrentar a exclusão da família inicialmente e de outras pessoas ao longo da sua vida; "ela tem mesmo de me excluir dos privilégios destinados apenas a criancinhas contentes e felizes." (Brontë 3) É no mau tratamento que Jane recebe às mãos do primo que muitos vêem um comentário sobre os direitos do género masculino dominante. Apesar de detestável, Master Reed herdaria a fortuna da família; como o próprio John diz: "Ensinar-te-ei a remexer nas minhas prateleiras de livros: porque são minhas; toda a casa me pertence, ou pertencerá dentro de alguns anos" (Brontë 7), enquanto Jane, uma criança naturalmente amorosa e boa, ficaria sem um tostão. É devido a esta injustiça inicial, podemos supor, que a necessidade fundamental de Jane se torna a procura de igualdade. Bessie diz a Jane: "não penses que estás em pé de igualdade com a Sra. Reed e o Mestre Reed... Eles vão ter muito dinheiro e tu não vais ter nenhum" (Brontë 9), o que parece ressoar na Jane mais velha, quando ela proclama:

Supõe-se que as mulheres são geralmente muito calmas; mas as mulheres sentem o mesmo que os homens; precisam de exercitar as suas faculdades e de um campo para os seus esforços tanto quanto os seus irmãos; sofrem de uma contenção demasiado rígida, de uma estagnação demasiado absoluta, exatamente como os homens sofreriam; e é tacanho da parte dos seus semelhantes mais privilegiados dizer que devem limitar-se a fazer pudins e a tricotar meias, a tocar piano e a bordar bolsas. É irrefletido condená-las, ou rir-se delas, se procurarem fazer mais ou aprender mais do que o costume considera necessário para o seu sexo (Brontë 55). Entra na luta contra Master Reed, mas quando lhe é mostrado amor e amizade em Lowood, chora e abraça um amigo até à sua morte. Parece que, ao longo da sua vida, Jane não sabe a que esfera pertence; ama Rochester, mas não quer ser vista como sua mulher, mas sim como sua igual e, da mesma forma, apesar do seu afeto por Adele, parece nunca ter verdadeira alegria em ensiná-la ou a outras crianças. Ela não tem o instinto maternal que é suposto as mulheres terem. Apesar disso, os críticos tendem a concordar que, através de Jane, Brontë escreveu efetivamente sobre o tratamento das mulheres na sua sociedade.

O público vitoriano estaria obviamente ciente do que se esperava das personagens dos romances. As expectativas de Jane são demonstradas por Miss Temple, a agradável, jovem e inteligente professora da Lowood School. A professora casa-se com um bom clérigo e muda-se para a sua nova paróquia, o que é semelhante à proposta feita a Jane por São João. Quando Jane recusa esta proposta sensata, porque não ama o homem nem ele a ela, pode dizer-se que as expectativas dos homens e das mulheres são postas em causa por Brontë. É evidente que St John tem sentimentos profundos por Rosamond Oliver, uma mulher bonita, rica e de boa índole, mas ela não é um par tão adequado para ele como Jane, uma professora e uma mulher relativamente pobre: "I want a wife: the sole helpmeet I can influence efficiently in life, and retain absolutely till death" (Brontë 432), algo que Jane definitivamente não é depois da sua fuga de Thornfield Hall. St. John adapta-se às expectativas que lhe são atribuídas, enquanto Jane decide ir contra elas. Rochester também vê em Jane o seu par: "my bride is here... because my equal is here, and my likeness" (Brontë 269), deliberadamente trocando a rica e bela Miss Blanche Ingram pela governanta mais simples. Olhando para a personagem de Blanche, o leitor pode ver que ela não é uma personagem agradável. Rochester também não a ama. É a típica caricatura de uma personagem literária rica, bonita e talentosa, mas altamente antipática. Segue a convenção da sua classe, de casar pela riqueza e pelo estatuto e, por isso, parece incapaz de amar e de ser amada em troca. Brontë argumenta assim que o amor não pode existir em tais situações, um sentimento que ecoa na sociedade vitoriana consciente de si própria: "Ai de mim! A nossa época não é uma época de casamento; e, por isso, receio que seja uma época profana: nem os nossos jovens nem as nossas jovens donzelas se apaixonam honestamente e casam hoje em dia" (Ritchie 134).

Embora Jane pareça ser emocionalmente mais sensata do que Catherine em *O Monte dos Vendavais*, é interessante notar que Cathy se torna quase a antítese de Jane na sua decisão de casamento. Escolhendo dinheiro e contactos adequados em vez do homem que ama, ela comenta: "Seria degradante para mim casar com Heathcliff agora", levando Heathcliff a fugir antes de a ouvir continuar: "mas porque ele é mais eu do que eu. Seja qual for o material de que são feitas as nossas almas, a dele e a minha são iguais'". (Brontë 71). De acordo com W.A. Craik, "Catherine compreende claramente os seus deveres e não é desprovida de princípios. Ela não quer Heathcliff como amante em qualquer sentido habitual: na verdade, a atração física que ela sente é pelo jovem Linton, bonito e elegível." (Craik 17) "Catherine considera que a alma de Linton é tão diferente da sua 'como um raio de luar da luz, ou a geada do fogo'" (Brontë 71). E embora tenha sido sempre uma criança saudável e viva, depois de se conformar com o que se esperava dela e de se casar com Linton, adoece e acaba por morrer. Parece que o destino de Cathy era morrer; ela fez o que a convenção pedia, em vez de fazer o que realmente desejava. Aqueles que seguem as convenções parecem perecer entre as paredes do *Monte dos Vendavais*; Frances, o exemplo perfeito de esposa convencional de Hindley, é uma mulher doente quando entra em casa e morre pouco depois. Há quem defenda que se trata de um ataque deliberado aos ideais matrimoniais de riqueza e classe acima referidos. Embora Cathy, a mais velha, morra, o seu espírito permanece preso no Monte dos Vendavais, o que alguns tomam como um símbolo da morte de si próprio através da negação dos desejos naturais. Há muito que se argumenta que uma mulher deixa de ter a sua própria personalidade quando se casa, e há quem defenda que Brontë poderia ter simpatizado com este facto; a morte da personalidade está, portanto, representada nas mortes físicas das personagens. Os fantasmas em O Monte dos Vendavais só deixam de assombrar quando a jovem Catherine se casa com Hareton, corrigindo o erro da separação da mãe e de Heathcliff.

Mais do que um retrato de si própria como "modelo da feminilidade vitoriana", Charlotte Bronte questiona, em primeiro lugar, a aparente desigualdade entre homens e mulheres através da sua obra literária. Jane comenta que "as mulheres sentem o mesmo que os homens" (Brontë 114) e dispositivos como a negação de St. John Rivers do seu amor para corresponder ao que se espera dele, coloca-o na mesma situação de uma mulher, confrontada com o poder do marido no lugar de Deus. As fronteiras entre os sexos são quebradas, pois o igual que Jane há muito desejava é encontrado no amplo e viril Rochester. Do mesmo modo, em *O Monte dos Vendavais,* Emily destrói as convenções normais de género; uma rapariga bonita tem originalmente a mente de um homem, enquanto um homem de aspeto rude não tem posição na sociedade e, por isso, torna-se mulher. Ambos os romances mostram as diferentes vidas que se espera de uma personagem e o efeito que essas expectativas podem ter. Em suma, parece que ambas as autoras estão a dizer que nem todos os homens e mulheres são iguais, mas que alguns podem ser. A ideia de que o "intelecto da mulher não é para invenção ou criação, mas para ordenação, arranjo e decisão" (Veeder 81). Os conflitos retratados nos dois romances conduzem à felicidade e o poder é muitas vezes substituído pelo amor, mas o equilíbrio é diferente em cada caso. *Jane Eyre* tem um final feliz, enquanto *o Monte dos Vendavais* termina com a morte de Heathcliff. Aparentemente, as irmãs não partilhavam a mesma reação ao byronismo e os seus heróis byronianos não eram os mesmos. O género era um domínio importante na época vitoriana e, como já foi explicado, também nos romances de Emily e Charlotte Brontë. Os seus heróis e heroínas mantiveram as convenções e normas do seu tempo, mas em *Jane Eyre* esta adesão conduziu à felicidade, enquanto em *O Monte dos Vendavais* resultou em destruição. Em nenhum dos dois romances o casamento em nome do estatuto e da riqueza é representado como conducente ao amor e à felicidade. Os dois romances têm sido vistos por alguns críticos feministas como exemplos de gótico feminino, explorando o aprisionamento da mulher no espaço doméstico, a sua sujeição à autoridade patriarcal e as suas tentativas de escapar a essas restrições. É evidente que tanto Charlotte como Emily estavam muito preocupadas com o papel da mulher na sociedade vitoriana e conseguiram criar um novo homem, um homem que se adequaria à nova mulher vitoriana. Um homem que amaria a sua mulher pelo que ela é, pela sua liberdade e pelo seu desejo de ser bem sucedida, autoconfiante e autossuficiente. A nova imagem da mulher vitoriana que é suposto ser muito diferente da imagem anterior, tal como explicado num ensaio escrito por Peter Gaskell em 1833:

A influência moral da mulher sobre o caráter e a felicidade doméstica do homem é atribuída principalmente aos seus hábitos naturais e instintivos. O seu amor, a sua ternura, a sua solicitude afectuosa pelo seu conforto e prazer, o seu devotamento, o seu cuidado incansável, a sua afeição maternal, as suas atracções conjugais, exercem uma impressão muito enobrecedora sobre a sua natureza, e fazem mais para o tornar um bom marido, um bom pai, e um cidadão útil, do que todos os dogmas da economia política" (Poovey 8)

De tudo o que foi mencionado e argumentado acima, pode resumir-se que as irmãs Brontë estavam a pensar de uma forma muito visionária para o seu tempo, porque ao longo da história e muitos anos depois, as coisas com as mulheres e o seu papel na sociedade mudaram e hoje em dia as mulheres estão presentes em todos os aspectos da vida. A Era Vitoriana assistiu a muitas mudanças em termos de filosofia social e de relações de género. Foi uma época de mudança do padrão patriarcal de supremacia masculina para a dependência feminina ou, por outras palavras, para novos conceitos modernos de igualdade.

CAPÍTULO 5
Conclusão final

Nesta dissertação, tentei apresentar a minha visão e compreensão da era vitoriana como um dos períodos mais ricos em nomes e génios, um período com uma longa lista de escritores entre os quais escolhi as duas irmãs Brontë. O que admiro nelas é a sua capacidade de lidar com o racional e o irracional e a sua dívida para com o Romantismo. Tentei abranger os heróis byronianos dos dois romances e as suas personagens, marcadas por elementos sobrenaturais e góticos. Isto dá uma espécie de medo e de confusão aos leitores, por um lado, e de satisfação, por outro. A sua complexidade torna os dois romances românticos, góticos e realistas - tudo ao mesmo tempo. Os conflitos neles retratados conduzem à felicidade e o poder é frequentemente substituído pelo amor, mas o equilíbrio é diferente em cada caso. *Jane Eyre* tem um final feliz, enquanto *o Monte dos Vendavais* termina com a morte de Heathcliff. Aparentemente, as irmãs não partilhavam a mesma reação ao Byronismo. O género foi também um domínio importante na era vitoriana e nos romances de Emily e Charlotte Brontë. Os seus heróis e heroínas mantiveram as convenções e normas do seu tempo, mas em *Jane Eyre* esta adesão conduziu à felicidade, enquanto em *O Monte dos Vendavais* resultou em destruição. Em nenhum dos dois romances o casamento por causa do estatuto e da riqueza é representado como conducente ao amor e à felicidade. O *Monte dos Vendavais* de Emily Brontë transporta o gótico para os pântanos proibitivos de Yorkshire e apresenta aparições fantasmagóricas e um herói byroniano na personalidade do demoníaco Heathcliff, enquanto Charlotte Brontë, em *Jane Eyre*, acrescenta a louca do sótão ao elenco da ficção gótica. Os dois romances têm sido considerados por alguns críticos feministas como exemplos de gótico feminino, explorando o aprisionamento da mulher no espaço doméstico, a sua sujeição à autoridade patriarcal e as suas tentativas de escapar a essas restrições. Jane Eyre, de Charlotte, e Cathy, de Emily, são exemplos típicos de protagonistas femininas que desempenham esse papel.

Estou verdadeiramente convencida de que exerceram uma enorme influência noutros escritores.

Bibliografia utilizada:

1. PLASA. Charlotte Bronte (Critical Issues). Palgrave Macmillan, 2004.

2. BEATY. Misreading Jane Eyre: A Postformalist Paradigm. Ohio State University Press, 1996.

3. BREWER. English Gothic Literature (The Historyof Literature). Palgrave Macmillan, 1983.

4. WINNIFRITH, EDWARD. Bronte Facts and Bronte Problems (Factos e Problemas de Bronte). London: Distribuído nos E.U.A. pela Humanities Press, 1983.

5. MILLER, J.HILLIS. The Form ofVictorian Fiction. Notre Dame e Londres: University of Notre Dame Press, 1968.

6. PUNTER. The Gothic (Blackwell Guides to Literature). Wiley-Blackwell, 2004. (páginas 95-97)

7. CUNLIFFE;, MARCUS. The Penguin History of Literature. Vol. 8, American Literature to 1900. London [u.a.]: Penguin Books, 1993.

8. MACAULAY, THOMAS B. Oxford Companion to English Literature . New York: Oxford University Press, 1985.

9. TYTLER, GRAEME. "'Nelly, I am Heathcliff![1] : the problem of 'identification' in Wuthering Heights". The Midwest Quarterly 47.2 (Wntr 2006)Universidade de Wolverhampton.

10. BLOOM, HAROLD. The Anxiety of Influence: A Theory of Poetry. (Oxford, 1973)

11. THORSLEV, PETER L.The Byronic Hero: Types and Prototypes. (Minneapolis,1962)

12. WINNIFRITH, TOM. The Brontes and Their Background : Romance and Reality. Houndmills, Basingstoke, Hampshire: Macmillan, 1988.

13. BURKHART, CHARLES. Charlotte Bronte: A Psychosexual Study of Her Novels. Londres Gollancz 1973: Londres Gollancz 1973,

14. PAGE, GEORGE. Poetical Works [of] Byron. London: Oxford University Press, 1970-1973.

15. MICHIE, ELSIE. Outside the Pale : Cultural Exclusion, Gender Difference, and the Victorian Woman Writer. Ithaca: Cornell University Press, 1993.

16. DAVIES. Emily Bronte. Prentice Hall / HarvesterWheatsheaf, 1988.

17. ALLOTT, MIRIAM. Emily Brontë: Wuthering Heights: a Casebook; Londres, Macmillan, 1970. Londres,.

18. RUTHERFORD, ANDREW. Byron: A Critical Study. London: O&B, 1965.

19. CRAIK, W.A. The Bronte Novels. London: Methuen, 1968.

20. INGHAM, PATRICIA. Authors in Context: The Brontës. NewYork: Oxford University Press, 2006

21. FEGAN, MELISSA. Estudos de carácter: Wuthering Heights. Londres, 2008

22. GUBAR, Gilbert, Sandra e Susan. The Madwoman in the Attic: The Woman Writer and the Nineteenth-Century Literary Imagination. New York: Feminist Press at the City University of New York, 1992.

23. GLEN;, HEATHER. Jane Eyre. London: Macmillan, 1997.

24. VOGLER, THOMAS S. Twentieth Century Interpretations of Wuthering Heights (Interpretações do século XX do Monte dos Vendavais). NewJersey: Prentice-Hall,INC.Englewood Cliffs, 1968.

25. EAGLETON, TERRY. Myths of Power: A Marxist Study of the Brontes. London: The Macmillian Press LTD, 1988.

26. CAMPBELL, SUSIE. Charlotte Brontë : Jane Eyre. Londres, Inglaterra: Viking Penguin, 1988.

27. BRONTE, EMILY. Oxford World's Classics: Wuthering Heights. Oxford: Oxford University Press, 1995.

28. HOGLE, JERROLD E. The Cambridge Companion to Gothic Fiction. Cambridge University Press, 2002.

29. LODGE, SARA. Charlotte Bronte - Jane Eyre. Basingstoke: Palgrave Macmillan, 2008.

30. STONEMAN, PATSY. Bronte Transformations : A cultura Disseminação de Jane Eyre e Wuthering Heights. Londres; Nova Iorque: Prentice Hall/Harvester Wheatsheaf, 1996.

31. OLDFIELD, JENNY. Jane Eyre and Wuthering Heights: A Study Guide. Londres: Hienemann Educational Books, 1976.

32. LANGLARD, ELIZABETH. "Nobody's Angels: Domestic Ideologyand Middle-Class Woman in the Victorian Era" PLMA No. 1, Vol. 107 (março de 1992)

33. WALDER, DENNIS. Literature in the Modern World. Oxford: Oxford University Press, 1990.

34. O[1] NEILL;, JUDITH. Critics on Charlotte and Emily Bronte. London: Allen and Unwin, 1971.

35. GREGOR, IAN. Twentieth Century Views: The Brontes - A Collection ofCritical Essays. NewJersey: Prentice-Hall,INC.Englewood Cliffs, 1970.

36. ALLOTT, MIRIAM. The Bronte, the Critical Heritage. London ; Boston: Routledge and Kegan Paul, 1974

37. BENTLEY, PHYLLIS. The Bronte Sisters. London: Longmans, 1959.

38. SPARK, MURIEL. The Bronte Letters. London: Macmillan, 1966.

39. DUTHIE, ENID L. The Foreign Vision of Charlotte Bronte [A Visão Estrangeira de Charlotte Bronte]. Londres:
The Macmillan Press, 1975.

40. CHITHAM, EDWARD. The Birth ofWuthering Heights : Emily Bronte atWork. Houndmills, Basingstoke, Hampshire: St. Martin's Press, 1998

41. PLASA, CARL. Critical Issues - Charolotte Bronte. NewYork: Palgrave Macmillan, 2004.

42. STONEMAN;, PATSY. Wuthering Heights, Emily Bronte [ensaios críticos contemporâneos]. Basingstoke: Macmillan, 1993.

43. WRIGHT, AUSTIN. Victorian Literature: Modern Essaysin Criticism.

New York: Oxford Press, 1968.

44. HARDY, BARBARA. Wuthering Heights : (Emily Bronte). Oxford: Blackwell, 1970.

45. KING, JEANNETTE. Guias Abertos de Literatura: Jane Eyre. Philadelphia,USA: Open University Press, 1986.

46. WILSON, ROMER. LifeAnd Private History Of Emily Jane Bronte . NewYork: Kessinger Publishing , 2003.

47. RATHBURN, ROBERT C. e STEINMANN , MARTIN. From Jane Austen to Joseph Conrad. Minneapolis: University of Minnesota Press, 1967.

48. DICKERSON, VANESSA D. Victorian Ghosts in the Noontide : Women Writers and the Supernatural [Fantasmas vitorianos no meio-dia: mulheres escritoras e o sobrenatural]. Columbia: University of Missouri Press, 1996.

49. RITCHIE, JAMES EWING. About London. Londres: Kessinger Publishing, 1860.

50. VEEDER, ELIZABETH. The Woman Question : Society and Literature in Britain and America, 1837-1883. Manchester: Manchester University Press, 1983.

51. Bloom, Harold. Modern Critical Views: The Brontes. NewYork: Chelsea House Publishers, 1987

ÍNDICE DE CONTEÚDOS

MIX
Papier aus verantwortungsvollen Quellen
Paper from responsible sources
FSC® C105338

Printed by Books on Demand GmbH, Norderstedt / Germany